넌 참
나빠

넌 참 나빠

초판 1쇄 인쇄 2011년 11월 02일
초판 1쇄 발행 2011년 11월 09일

지은이 | 고연
펴낸이 | 손형국
펴낸곳 | (주)에세이퍼블리싱
출판등록 | 2004. 12. 1(제2011-77호)
주소 | 153-786 서울시 금천구 가산동 371-28 우림라이온스밸리 C동 101호
홈페이지 | www.book.co.kr
전화번호 | 1661-5777
팩스 | (02)2026-5747

ISBN 978-89-6023-702-5 03810

essayistic poetry

넌 참 나빠

고연 시집

ESSAY

빛접記

- 나에 대한 당신의 기억을 위하여

추억을 위하여 사진을 찍는 사람이 있다면
저는 추억을 위하여 글을 씁니다.
사진을 보며 그때의 사람과 사연, 시간을 떠올린다면
저의 글에도 제가 느끼는 기억이 있습니다.

이렇게 묶어 보는 것이
어쩌면
제가 받은 선물 같은 사랑에 대한
작은 보답이 아닐까 생각합니다.

당신이 거쳐 온 사랑과
당신이 호흡하는 사랑과
당신이 꿈꾸는 사랑을 위해
흐드러진 들꽃다발 같은 이야기들을 안겨 드립니다.

가고파의 바다에서 고 연

Contents

Heartbeat

지은이 모름

Memory Copy

당신을 사랑함에는

Shadow

표정

SunShine

지금 그대로

Heartbeat

지은이 모름

나와는 먼 사람이고
나와는 어울리지 않는 사람이고
나와는 인연이 적은 그런 사람이지만

나와 닮지 않는 사람이고
나와 함께 할 수 없는 사람이고
나와 가까워질 수 없는 사람이지만

그 사람이 참 좋습니다.
그 이유는 알지 못합니다.
그렇지만, 그 사람이 그냥 좋습니다.

누군가를 좋아하면 점점 바보가 되어갑니다.

지은이 오름

화가 막 나려고 하네요.
난 그냥 책 한 권 빌려달라고 부탁한 건데
난 그냥 참고할 만한 책 한 권 추천해 달라고 말한 건데
깔끔한 새 책에 견출지까지 예쁘게 표시하고
필요한 부분 부분에 형광펜 밑줄까지 넣고
자세한 설명을 위해 자료까지 끼워주면
내가 미안해서 할 말이 없잖아요.
내가 부탁한 걸 후회하잖아요.

화가 진짜 막 나려고 하네요.
이렇게 부탁한다고 꼼꼼히 잘 챙겨주는 걸 보면
아무나 부탁을 해도 그 사람은 잘해 줄 텐데
그렇게 착한 사람이라면 맘이 약할 텐데
세상 힘든 일에 맘이 다칠까 걱정하며
내가 자꾸만 곁에 있고 싶잖아요.

하지만, 내겐 잘해줘도 괜찮아요.
난 당신 맘 상하지 않게 할 테니까요.
난 당신만 쳐다보고 있는 바보니까요.

당신의 사랑은

당신은 매일매일 예뻐집니다.
당신은 향기를 띠며 아름다워집니다.
그런 당신을 나는 멀리서 못 본 듯 지납니다.

당신은 매일매일 내게 새로운 의미가 됩니다.
당신은 언제나 내 두근거림의 이유가 됩니다.
그런 당신을 나는 모른 척 외면합니다.

어떤 사랑이 당신을 감싸든
그 속에서 당신이 행복했으면 좋겠습니다.
어떤 사랑을 당신이 택하든
그 속에서 당신이 편안했으면 좋겠습니다.
그런 당신을 바라볼 수밖에 없기에
이런 바람이나마 가져 봅니다.
이런 희망이나마 품어 봅니다.

내가 원할 수 없기에

나의 사랑이 될 수 없기에

나는 당신을 잊을 수 없을 것 같습니다.

그 사람 때문에

그게 버릇이 되어 버렸어.
그 사람 기다리는 것.
그 사람 쳐다보는 것.
맞는데 아닌 척 하는 것.
아는데 모른 척 하는 것.
그 사람 땜에 그렇게 되어 버렸어.

그게 일상이 되어 버렸어.
그 사람 생각하는 것.
그 사람 훔쳐보는 것.
익숙한 발소리에 가슴 두근거리는 것.
초콜릿 건넬 때 손끝이 움찔하는 것.
그 사람 땜에 그렇게 되어 버렸어.

그게 평범한 익숙함이 되어 버렸어.
그 사람 있는 곳이 궁금한 것.
그 사람 눈길에 관심 갖는 것.
머릿속에 그 사람을 넣어두는 것.
시도 때도 없이 몰래 미소 짓는 것.
그 사람 땜에 그렇게 되어 버렸어.

계속 그렇게 된다면…
계속 그렇게 되고 싶어…
계속 그렇게 될 수 없으니…
계속 그렇게 되게 해 달라고… 네?

기억의 사진첩

힘든 하루였죠.
피곤한 하루였죠.
당신을 볼 수 있는 날이 줄어든 하루였죠.

짧은 웃음이었죠.
커다란 웃음이었죠.
당신이 하얗게 터뜨린 그런 웃음이었죠.

그렇지만,
우연이라도 이런 당신 모습, 내게 보이지 마요.
내 기억이 당신을 자꾸 자꾸 잡아채려 하니까
잠시일지라도 이런 당신 모습, 내게 들키지 마요.

내가 지워야 할 모습이 오늘 하나 더 채워졌습니다.

새벽비

밖에는 비가 옵니다.
밖에는 비가 내립니다.
밖에는 비가 흩날립니다.
굵은 빗소리가 새벽을 가릅니다.

난 그 사람을 생각합니다.
난 그 여자를 생각해 봅니다.

나와는 한 번도 차를 마셔 본 적이 없는 여자,
나와는 서너 번의 마주침만 가졌던 여자,
나와는 인사만 몇 번 나누었던 여자,
그런 인연이었던 여자를 생각합니다.

나와는 머언 사람이지만
그 사람, 참 고마운 사람입니다.
나와는 다른 사람이지만
그 사람, 참 감사한 사람입니다.

그 사람 때문에 힘든 하루가 가벼웠습니다.
그 사람 때문에 고된 일상이 사라졌습니다.
그렇게 설레이던 사람이었습니다.
그렇게 만들어준 사람이었습니다.

하지만, 인연은 여기까지입니다.
그러나, 행운은 여기까지입니다.
또 다시 마음을 추스려야 합니다.
그리고,
다시는 빗소리에 맘을 다치지 않아야 합니다.

비가 내리면 도시가 씻겨 가듯
계절의 순환 속에 기억은 잊히겠지만
그 사람이 있는 곳에 맘을 두고 가겠습니다.
그 사람이 있는 곳을 이제 떠나가겠습니다.

짧은 시간이지만 여운은 오래 남을 듯합니다.
내게는 그렇게 기억될 듯합니다.

혼잣말

언제부터 이렇게 되어 버린 건지 모르겠어.
그냥 그 사람을 바라보게 되었고,
그냥 그 사람을 지켜보게 되었고,
그냥 그 사람을 마음속에 두었어.

아직까지 내가 왜 이러는 건지 모르겠어.
그냥 그 사람을 잘 대해주고 싶었고,
그냥 그 사람에게 잘 보이고 싶었고,
그냥 그 사람이면 모든 게 좋아 보여.

그 사람은 이유가 없어.

그냥 그 사람은 이유 없이 좋은 사람이야.

그 사람은 은근히 좋아.

그냥 그 사람은 가끔씩 봐도 멋진 사람이야.

그 사람과는 닿지 않아.

그냥 그 사람은 눈에 익은 뒷모습만 남길 거야.

그게 가장 슬퍼.

착한 사람

당신, 왜 그렇게 착해요?
자꾸 착한 모습들, 왜 내게 들켜요?

난 착한 여자 싫은데…
약해 보이고, 남의 사정 봐 주고,
헤어진 사람 땜에 오랫동안 속앓이 하는,
그렇게 힘들게 살 것 같아서, 그래서 싫은데…

착한 모습들, 내게 들키지 마요.
그러니까 당신이 자꾸만 좋아지려고 하잖아요.

슬픈 기대

당신 몸이 아프니까 내가 할 일이 많잖아.
그러니까 난 더 좋은데.
평소에 못 해주던 일들을
당신이 아프다는 핑계로 내가 할 수 있으니까.

당신 몸이 아프니까 내가 생각이 많잖아.
그러니까 난 더 바쁜데.
평소에 눈치만 보던 것들을
당신이 아프다는 핑계로 내가 줄 수 있으니까.

그런 얘기를 들었어.
혹시나 당신이 내게 먼저 "우리, 사귈래요?"
이러길 바란다는.
웃었어. 남 몰래 한참동안 웃고 말았어.
그런 일은 없잖아.
혹시나 당신이 내게 먼저 만나자는 말을 하지는 않을 테니.
슬펐어. 남 몰래 잠시지만 끝을 느꼈어.

그래도 난 열심히 사랑할 거야.
오늘은 오늘만 열심히 사랑하고
내일은 또 내일만큼 열심히 사랑하고
그렇게 매일 매일을 열심히 사랑할 테야.
당신이 몰라주는 그런 외로운 사랑이라도
당신 때문에 뛰는 심장은 쉽게 지치지 않을 거야.

당신이 나와 닿지 않는 그런 사랑이라도
내가 더 많이 사랑하는 법을 배웠으면 좋겠어.
내가 더 많이 좋아했던 기억을 가지면 좋겠어.
당신과 만들게 될 나의 추억은 그랬으면 좋겠어.
당신에 대한 내 욕심은 여기까지만 가지면 좋겠어.

콘서트 시작 10분 전

근데, 왜 저예요?

다른 사람도 있을 텐데 왜 저예요?

같이 오고 싶었던 사람이 왜 하필 저예요?

저…

그냥요.

아니, 이유 많아요.

당신이 좋아하는 모습 보고 싶구요,

당신이 웃는 모습 가까이서 보고 싶어요.

당신이 내 옆에 앉아있는 모습도 설레이고,

당신과 함께 한 짧은 시간도 오래 기억되겠죠.

저…

그래요.

그냥, 그런 거예요.

당신은 좋아하는 만큼 즐기면 되구요,

당신은 즐거운 만큼 자꾸 웃어주면 되요.

당신이 내 곁에 머물던 설레임의 시간도

당신과 함께 한 추억 하나로 오래 새겨 둘게요.

저…

맞아요.

제발, 그렇게 해요.

당신께 못한 말 입안에 맴돌겠지만

당신께 전하지 못하고 맘에만 머물겠지만

당신께 향하는 욕심을 지우려 고개 저으며

당신께 난 그저 말없는 미소만 지어야 하겠죠.

저…

저기요.

진짜, 참 미안해요.

당신은 내게 아무 말도 없었지만은

당신이 내 마음에 너무 깊이 들어와 버렸어요.

당신 허락도 없이 그렇게 되었어요.

정말, 난 힘드네요.

못났죠?

나…

있어?

그런 사람…
있어?

그냥 보기만 해도 마냥 기분이 좋은 그런 사람
있어?
내일 보자는 인사가 어떤 말보다 더 좋은 그런 사람
있어?
내게 부탁을 하면 그보다 많이 해 주고 싶은 그런 사람
있어?
표시 안 나게 조심해도 내 맘이 먼저 들켜버린 그런 사람
있어?
이별이 예정되었기에 한순간 한순간이 아쉬운 그런 사람
있어?

눈물날 정도로 좋은 만큼 내가 아파할 것 같은 그런 사람 있어?

그런 사람…
있어.
있다구.

이름 없는 메모

그래요, 나, 사실… 당신 좋아해요.
그냥 좋아하는 것보다 조금 더 많이 좋아해요.
부담되죠? 당신은 사랑하는 사람이 있으니까.
당신도 사랑하는 사람이 아프면 맘이 상하죠?
저도 그래요. 그러니까, 이제 아프지 마요.

자꾸 아프면, 자꾸 아픈 모습 내게 보이면
내가 당신을 자꾸 좋아해 버릴 거예요.
내 맘이 부담스런 그만큼만 아프지 마요.
당신이 아파도 내가 곁에 있어줄 수 없잖아요.
난… 그게 제일 힘들어요.

피하지 못하는 까만… 비

비를 맞는다.
늦은 밤 혼자서 길을 걸으며 비에 젖는다.
봄비라고 부르기엔 아직 스산한 바람 속에서
우산도 없이 비를 맞는다.

일부러 피하지도 않고
안경을 접어 주머니에 넣은 채로
흐리게 보이는 도시를 가로지른다.
내게 맴도는 외로움에 잠시도 벗어나질 못했고
내가 가지는 사랑들도 언제나처럼 외사랑이기에
기억 속의 노래로만 내 맘을 가득히 채우고 있다.

어디에서 걸어온 길인지도 모르는데
어디로 가야만 할 길인지도 모르는데
어디쯤에서 멈춰진 길인지도 모르는데
나는 비와 함께 예정된 사람을 찾고 있다.
나는 비를 맞고 예정된 사람을 부르고 있다.
나는 비에 젖어 예정된 사람을 기다리고 있다.

비를 맞는다.
늦은 밤 혼자서 길을 걸으며 비에 젖는다.
이 세상에서 예정된 사람을 만나고 싶어
우산도 없이 비를 맞는다.

내가 요즘 그래

들킬 뻔했어, 내 맘 속의 그 사람.
다른 사람들과 얘기할 때는 조심해야지.
항상 알고 있지만…
그러다 그 사람이
한순간 물거품처럼 사라지면 어떡해?
언제 있었냐는 듯 떠나버리면 어떡해?

그런데,
지금도 가끔은 힘들어.
힘든데 힘들어 죽겠는데
슬픈 표정을 아무에게도 보일 수 없어
내 맘을 더 외롭게 하는 것 같아.

그래서,

누군가를 맘에 둘 때는

외로움을 이기는 것부터 배워야 하나 봐.

외로움과 친해지는 법을 알아야 하나 봐.

내 맘이 기쁘면 그 사람 때문이야.

내 맘이 들뜨면 그 사람 때문이야.

내 맘이 착하면 그 사람 때문이야.

내 맘이 설레면 그 사람 때문이야.

내가 요즘 그래.

사랑이 오다

결국…

그런 것이었어요.

난 당신께 아무 도움도 되지 못하는

그런 사람이네요.

당신이 무엇으로 고민하는지

당신이 무엇 때문에 힘들어 하는지

당신이 무엇으로 인해 어려워하는 지도 모르고

그저 당신이 날 불러 주기만 기다리고 있었네요.

당신이 그냥 지나는 걸음에 건네는 인사를

나는 몇 분씩 복도를 오가며 기다리게 되고,

당신이 평범하게 지나는 일상 속의 모습을

나는 당신 때문에 감사하며 고맙게 느끼고,

당신이 일과를 마치고 남긴 지친 뒷모습을

나는 다음을 기약하는 혼잣말로 남기지만…

당신께 나는 오늘 마주친 몇 사람 중의 하나로 생각되겠죠.
당신께 나는 의미 없이 오고간 몇 개의 시선으로 남겠죠.
당신께 나는 그저 그런 사람이었고, 앞으로도 그렇겠죠.
그러다 우리가 마지막 인사를 나누고 나면
당신께 나는 잊힌 사람이 되겠죠.

그걸 아는데,
그게 맞는데,
결국 그리 되는데,
하지만 어쩌죠?

당신을 원하는 내 마음은 자꾸 커져 가는데…
당신을 향하는 내 걸음은 자꾸 빨라지는데…

어느 크리스마스이브

그래도 다행이네요.
내가 가지던, 당신이 품었던 오해를 풀 수 있어서.
그래도 참 다행이네요.
마음 편하게, 당신께 들키지 않고 떠날 수 있어서.

가끔은 선물 같은 인연도 있답니다.
그래서 감사하고, 그래서 설레었어요.
이따금씩 기적 같은 인연도 있답니다.
그래서 기뻐하고, 그래서 두근거렸죠.

이제 당신을 내 추억이 놓으려 합니다.
그게 정해진 순서이기에, 나는 할 수 있을 거예요.
이제 당신을 내 가슴이 지우려 합니다.
그게 마지막 선물이기에, 나는 텅 빈 마음입니다.

고마웠어요, 환하게 웃어 준 처음의 미소가.
미안했어요, 힘들게 한 내 마음의 소용돌이가.
반가웠어요, 다시 보게 된 환하디 환한 웃음이.

이제… 멀리 당신이 사라지고 있어요.
이제… 먼 옛일로 기억하고 있을게요.

당신으로 인해 나는 죄인이었습니다.

이별을 시작하며

그 사람, 웃는 날이 많았으면 좋겠습니다.
그 사람, 웃게 만드는 일이 잦으면 좋겠습니다.
그 사람, 웃게 만들 줄 아는 사람이 있으면 좋겠습니다.
그런 사람이 나였으면 좋겠습니다.
그렇게 할 줄 아는 나였으면 좋겠습니다.

그 사람, 행복한 시간이 많았으면 좋겠습니다.
그 사람, 행복하게 만드는 사건이 잦으면 좋겠습니다.
그 사람, 행복하게 만들 줄 아는 사람이 있으면 좋겠습니다.
그런 사람이 내가 되고 싶습니다.
그렇게 할 줄 아는 내가 되고 싶습니다.

시간이 지나도 생각될 소중한 추억처럼
시간이 흘러도 빛나는 귀한 보석처럼
시간 여행을 떠나는 맘에 낙인처럼
그 사람이 옵니다.

100일째의 연서

당신을 알게 된 지 100일째.
당신 이름을 안 지 100일째.
당신 때문에 내 심장이 뛴 게 그때부터였고
당신 때문에 내 맘이 설렌 게 그때부터였고
당신을 향하게 된 지 100일째.
당신을 마음에 둔 지 100일째.

당신 때문에 나는 많은 것들을 배웠습니다.
당신 때문에 나는 많은 생각을 하였습니다.
그동안 비워 두었던 삶과 사랑을 채웠었고,
그동안 접어 두었던 나의 꿈을 펼쳤습니다.

비워 두었던 삶에 사랑을 채워가며
접어 두었던 나의 꿈들을 펼치면서
내 여자를 옆자리에 태우고 가는 여행을 꿈꾸었고,
매일 최선을 다해 사랑하는 수수한 사랑법을 깨달았고,
내 인생에 사랑이 더해지면 어떤 삶일지 궁금해 했었습니다.

하지만, 당신이 옆에 있을 것이라는 상상을 한 것은 아닙니다.
그러나, 당신이 나와 함께 할 것이라고 생각한 것은 아닙니다.
나의 인연은 당신이 아닌 것을 압니다.
다른 사람을 향하는 당신의 사랑을 보며 당신을 그리워하고,
다른 사람을 바라는 당신의 사랑을 보며 당신께 향하는
그런 외사랑은 이제 당신이 마지막이었으면 합니다.

당신의 인연이 내가 아닌 것을 압니다.
나와는 무관한 다른 사람과 당신의 사랑,
나에겐 결코 허락되지 않는 타인의 사랑이기에
내겐 100일의 첫날부터 당신의 사랑이 없었으니까요.

그런 당신이지만,
당신 때문에 여자와 함께 하고 싶은 삶에 대해 생각을 했고,
당신 때문에 여자에게 내 인생을 걸고 싶다는 희망을 했고,
당신 때문에 여자를 놓치지 않는 법을 배우고 싶었습니다.

이제 앞으로의 시간에도 지금껏 그러했듯이
당신은 당신의 길을 가고, 나는 나의 인생을 걷겠지요.
하지만, 당신이 눈치 채지 못한 100일의 시간 속에서
나는 당신으로 인해 사랑을 조금씩 조각했습니다.
당신을 보며 나만의 사랑을 만들어 나갔습니다.
사랑을 꿈꾸며 내 심장이 두근거렸습니다.

당신… 참 고맙습니다.

나, 이제 조금은 사랑에 대해 용기가 생겼습니다.

나, 이제 조금은 사랑에 대해 부끄럼이 없어졌습니다.

나, 이제 조금은 사랑에 대해 떳떳함을 가지게 되었습니다.

그러하기에, 내가 만드는 사랑을 할 연습이 이제 끝났습니다.

그러하기에, 함께 할 사랑을 맞을 준비가 이제야 끝났습니다.

당신… 정말 고맙습니다.

나, 이제 당신을 떠나서 다시 기다림을 시작하려 합니다.

나, 이제 당신을 지우고 다시 다음을 기대하려 합니다.

나, 이제 당신을 보내며 다시 마음을 비우려 합니다.

이제 사랑 앞에 마주할 수 있을 것 같습니다.

이제 사랑 앞에 당당할 수 있을 것 같습니다.

변명

없었어.
미련은 아니었어.
그냥 확인하고 싶었던 것도 아니었어.
내 생각이 맞는지 틀렸는지 궁금했을 뿐이야.

이렇게 밖에 안 되는 예정이었는데
이렇게 밖에 안 되는 인연이었는데
이렇게 밖에 안 되는 운명이었는데
그동안 무얼 기다린 것이었을까?

없었어.
아쉬움은 아니었어.
그냥 침묵하고 싶었던 것도 아니었어.
내 행운이 맞는지 아닌지가 궁금했을 뿐이야.

이제는 민들레 홀씨처럼 가볍게 떠나야지.
이제는 민들레 홀씨처럼 다 털고 날아야지.
이제는 민들레 홀씨처럼 더 높이 올라야지.
그동안 무얼 믿었던 것이었을까?

없었어.
… 사랑은.

사랑이 그렇게

온 세상이 나를 찍어 누르는 것 같은 날들이었습니다.
어디론가 도망을 가야 할 것 같은 답답함이었습니다.
누구도 도와주지 않는 오래된 혼자됨이었습니다.

모든 일상을 내려놓으려 할 때였습니다.
모든 틀을 벗어던지려 할 때였습니다.
모든 것을 그만두려 할 때였습니다.

정말 우연처럼 그 사람을 보았고
정말 거짓말처럼 그 미소를 알았고
정말 영화처럼 그 곁을 지나쳤습니다.

하지만, 처음부터 지금 그리고 머언 후일까지
그 사람은 나와는 많이도 어울리지 않습니다.
마음을 설레게 하고 심장을 뛰게 하는 사람이
그렇게 많지 않기에 내겐 참 귀한 사람이지만
그 끝이 어찌 마무리될 지는 너무 선명하기에

지금부터 욕심을 버리는 연습을 해야 합니다.
이제 감당할 수 없이 커져버린 맘 속 무게를
더 이상 굳세게 지탱할 방법이 나에게 없기에
맘 속 잔상들을 지우는 시간을 가져야 합니다.

누구도 도와주지 않는 혼자됨이 깊어지겠죠.
어디론가 멀리로 도망가고 싶은 답답함도 있겠죠.
온 세상이 나를 찍어 누르는 것 같은 시간도 많겠죠.

이렇게 될 줄 알았지만…
이렇게 혼자 그만두게 될 것이었지만…

그 사람이 좋았습니다.
그 사람이 그리웠습니다.
그 사람이 있어 행복했습니다.

그러니까, 그 사람도
그 사람을 웃게 만드는 사람과
그 사람을 기쁘게 만드는 사람과
그 사람을 사랑하게 만드는 사람과
언제나 설렘만을 느꼈으면 합니다.
언제나 즐거움을 가졌으면 합니다.
언제나 행복함을 품었으면 합니다.

그 사람을… 다시 생각하며
그 사람을… 이제 돌아섭니다.

타인의 사랑

언제나
타인의 사랑이었지.
다른 사람을 향하는 사랑을 보며
그를 그리워하고,
다른 사랑을 꿈꾸는 사랑을 보며
그에게 맘을 뺏기고.

내가 가진 사랑은 타인의 사랑.
나와는 무관한 그들끼리의 사랑을
내가 엿보고 있었네.

내가 느낀 사랑은 타인의 사랑.
나에겐 허락되지 않는 그들의 사랑을
내가 지켜보고 있었네.

언제나
타인의 사랑이었지.
내겐 처음부터 끝까지 사랑이 없었지.
내겐 그런 사랑이었지.

혼자만의 악수

그래도 내 심장이 살아있음을
느끼게 해 줬던 사람이니까
행복해야 해요.
저만큼 먼발치로 사라지지만
안녕이란 눈인사도 없었지만
건강해야 해요.

부질없는 인사말만 만지작거리다
하루가 가고
아무 일 없다는 듯 시간이 가겠죠.
소리 없는 메아리만 맴돌아 다니다
세월이 가고
언제 그랬냐는 듯 모른 척하겠죠.

뒤늦게 깨닫는 지금이 고마워요.
이별이 건네는 소중한 당신.

느리게 스며든 사랑이 고마워요.
가까울 수 없는 나만의 당신.

후회

괜히 시작했나 봐.
처음부터 맘 단속을 잘하는 건데.
괜히 좋아했나 봐.
끝까지 기쁨보단 슬픔이 많을 텐데.
괜히 들떴었나 봐.
설레도 그 앞에선 아닌 척할 텐데.

손을 잡아보긴 커녕
제대로 얼굴 볼 시간도 주어지지 않아
그래서, 오히려 뒷모습이 익숙하잖아.

얘길 해 보긴 커녕
제대로 인사 할 시간도 주어지지 않아
그래서, 이렇게 혼잣말에 익숙하잖아.

그러니까, 그런 거니까 내 맘에서 지우는 게 맞아.

인사할 기회도 제대로 없어 혼잣말에 익숙해도
누군가 내가 사랑할 대상이 있으면 된 거잖아.

얼굴 볼 시간도 제대로 없어 뒷모습에 익숙해도
그 사람의 흔적이 내 기억에 머물면 된 거잖아.

그 사람에 대한 욕심을 버려야지.
그 사람에 대한 욕심을 또 버려야지.
그 사람에 대한 욕심을 자꾸 버려야지.
왜냐하면,
그 사람은 참 좋은 사람이니까…

어색한 인사말

이제 다 되어 갑니다.
잊어야 한다는 다짐이 없어도
몇 번 마주치지도 못한 인연의 조각은
얼음이 햇빛에 녹아들듯 사라져 갑니다.

이제 다 끝나 갑니다.
볼 수 없을 거라는 아쉬움이 남아도
맘속에서 도려내는 기억의 잔상은
소나기 뒤의 무지개처럼 멀어져 갑니다.

나 혼자서 돌아보던 사람,
나 혼자서 설레이던 사람,
나를 그렇게 만들던 사람,
나를 그렇게 움직인 사람,

잘 가요…

Memory Copy

당신을 사랑함에는

계절은 제 모습을 갖추고 있지만
그 속에 감추어진 시간의 흐름은
점점 그 모습을 달리하는 것 같아.

만남이라는 것,
어찌 보면 우연인데
거기에 필연성이 부여되는 건
그 인연을 의미 있게 새기고 싶은
욕심이 이끄는 것은 아닌지.

당신을 사랑함에는

당신을 사랑함에는
용기가 필요함을 알았습니다.
한 줄 빛의 강렬함으로 다가오는
신선한 새벽처럼
당신께 다가섬에도
그런 용기가 필요함을 알았습니다.
그러나
그 용기에 당신이 뒷걸음치지 않도록
말없는 눈길도 주어야 한다는 것을 알았습니다.
〔**종로 아크로폴리스**〕

당신을 사랑함에는

나 자신의 가꿈이 필요함을 알았습니다.

당신 곁에 다가서기 위해

정성으로 맵시를 차려입어야 함을 알았습니다.

그러나

그 가꿈이 멋이나 유행보다는

대화 속에서 배어 나오는 진실의 알맹이 되고

더딘 기억에도 살아오는

은근하고 잔잔한 추억이 되어야 함을 알았습니다.

〔**이대앞 그린 하우스**〕

당신을 사랑함에는

계절이 필요함을 알았습니다.

당신이 담기고 그 곁에 내가 서 있고

멀리서 들리는 누군가의 기타 소리가 어우러진

그런 계절이 필요함을 알았습니다.

그러나

그 계절은 끊어지고 이어지는 달력의 날짜 같은

계절이 아니라

계절과 계절이 미소 속에 자리를 바꿔 앉는

그런 여리고 순한 계절이 되어야 함을 알았습니다.

〔**경희대 캠퍼스**〕

당신을 사랑함에는

노래가 필요함을 알았습니다.

부끄러워 건네지 못하는 아쉬운 고백을

고운 선율에 실어 줄 노래가 필요함을 알았습니다.

그러나

그 노래는 마침이 없는 도돌이표가 붙어

마음속에서 항상 그때의 기억을 되돌려 줄

쉼 없는 호흡 같은 노래가 되어야 함을 알았습니다.

〔**대학로 충돌2 김창완 콘서트**〕

당신을 사랑함에는
당신의 멀어짐에 대비할 줄 아는 미소도
간직하여야 함을 알았습니다.
당신을 만나고 지나며
어느덧 커져 버린 마음속의 당신 영토,
그곳을 지키는 갑옷 입은 파수꾼은
당신 향한 간절함임을 알았습니다.
그러나
당신의 멀어짐에 절망하는 마음을
거듭거듭 비워내는 것도
당신의 영토를 지키는 일임을 알았습니다.

〔**경희대 앞 파우스트**〕

당신을 사랑함에는
연극 속의 주연배우 같은 나 자신의 삶을
긍정하며 살아야 함을 알았습니다.
막이 올랐을 때의 화려함 뒤에
막이 내림으로써 끝나는 연극 같은
저마다의 인생이라도
기뻐하는 삶이 되어야 함을 알았습니다.
그러나
당신은 당신 삶의 주인공이자
내 연극에서도 주연배우임을 깨닫는 일,
그것도 내 삶의 긍정이었습니다.
〔대학로 미리내 소극장〕

당신을 사랑함에는

나의 뒷모습을 당신께 보여서는

안 된다는 것을 알았습니다.

아무리

나 자신이 만들어 가던 사랑이었어도

헤어짐은 당신이 바라는 이별이 되어야 함을 알았습니다.

맴돌다 되돌아와도

항상 제자리에서 반기는 당신.

그러나

만약 숨김이 있었다고 해도

그것은 온통 당신께 드리려던 마음 놓칠까 봐

두려워하던 기도였음을 알았습니다.

〔**경희대 앞 겨울 나그네**〕

속삭이는 기쁨

누가
당신을 나에게 데려다 주었을까?

두근거리던 처음을
기억에 새기며
마음 한 부분을
채우는 당신.

가슴에 안겨드는
저녁노을을 품고
꽃그늘 아래에
마주 앉은 우리.

누가
나를 당신에게 데려다 주었을까?

오후에 두고 온 것

당신과 나란히 앉은 연못가.
지금 흔들리는 바람이 오구요,
당신 몰래 접어둔 종이배 위에
난 비밀 한 가지를 적어요.
아까
숲길에서 말하려 했던 고백을
잔잔히 적어 봐요.
흔들리는 맑은 물결에
난 배를 띄워요.
아!
배가 옆으로 눕네요,
서둘러 떠나야 해요.
나의 고백이 보이기 전에.

기다릴게요

당신이 잠시 곁에 있어 줄 때마다
당신이 감싸는 눈빛으로 날 보아 줄 때마다
참 미안했어요.
그리고, 참 감사했어요.

난 잊어야 할 상처가 많은 사람인데
사랑하는 법보다 헝클어진 미련에 익숙한 사람인데
그런 나의 이야기를 당신은 잘도 들어 주었죠.
몇 번이나 되풀이한 추억들도
당신은 마치 처음 듣는 것처럼
나와 두 눈 마주쳐 가며 듣기만 했었죠.
나 혼자만 떠들게 했었죠.

당신도 사랑에 실망한 기억이 있잖아요.
당신도 누군가 보듬어 주어야 할 아픔이 있잖아요.
난 그런 당신을 알고 있었는데
난 그런 당신을 외면하고 있었는데
당신은 내 걱정만 하고 있었죠.

당신도 힘들어서 흘러내린 눈물이 많잖아요.
당신도 손 내밀어 줄 누군가가 필요하잖아요.
난 그런 당신이 안쓰러웠는데
난 그런 당신이 기대어 오길 바랐는데
당신은 내게 잔잔한 미소만 지었죠.

다시 누군가를 마음에 두게 되면
제일 먼저 알려 달라고 했었죠?
지금 누군가가 내 마음에 있으니
당신께 제일 먼저 알려 드릴게요.
우리, 이제 만나면
당신 이야기를 듣고 싶어요.
당신 이야기를 하고 싶어요.

전화하실 거죠?
기다릴게요.

부탁

나, 연애하는 법 좀 가르쳐 줄래요?
물론 공짜로 가르쳐 달라는 건 아니구요.
매주 한 번씩 만나서 영화도 보여주고, 밥도 살게요.
아주 가끔씩 좋아하는 물건들, 그냥 선물도 할게요.
그러니까, 내게 연애 좀 가르쳐 줘요.

나, 애인 만드는 방법 좀 가르쳐 줄래요?
물론 공짜로 가르쳐 달라는 건 아니구요.
매번 만날 때마다 진짜 연인처럼 살펴줄게요.
아주 조금씩 조금씩 닫힌 마음을 열어 볼게요.
그러니까, 내게 방법 좀 가르쳐 줘요.

나, 심장을 멎게 하는 비결 좀 가르쳐 줄래요?

물론 아무 의미 없이 뛰는 심장은 아니구요.

매 순간 당신 땜에 쿵쾅거리는 심장이랍니다.

아주 가쁜 호흡으로 머뭇거리는 마음이랍니다.

그러니까, 내 곁에 있어주면 안 되나요?

손바닥에 써 준 글

당신을 알고 난 후부턴
웃음 짓는 시간이 많아졌어요.

잠깐 스쳐보던 당신 모습과
눈길 머물던 장면이 생각나서
문득문득
미소 짓는 순간이 많아졌어요.

혼자 오후의 낙엽길 걸어도
언젠가 들었던 목소리를 떠올리며
스스로
가슴 벅차하는 때가 많아졌어요.

잠시 후 당신을 만나면
난
또 하나
작은 추억을 만들 거예요.

투정

머리를 예쁘게 깎고 난 뒤
새로 산 샴푸의 싱그러운 향기를 품고
만나고 싶은 사람을
나는 알고 있습니다.

새 옷을 사 입으면
맨 처음 그 옷 입은 모습을
보여주고 싶은 사람을
나는 알고 있습니다.

잠시라도
두 눈에서 놓치고 싶지 않은
그런 사랑스런 사람을
나는 알고 있습니다.

지금 당장도
무얼 하고 있는지 궁금해서
자꾸 떠오르는 사람을
나는 알고 있습니다.

밤새 적어 본 고백을
작은 편지지에 담아 보내어도
모르는 척 딴청 부리는 사람을
나는 알고 있습니다.

나의 말, 생각나나요?

당신을 만나고
긴 그림자를 끌며 돌아옵니다.

당신은 내게 언제나 조금씩
말을 건넵니다.
크지도 않고 빠르지도 않고
쉽게 쉽게 이어가는 목소리로
나의 고개를 끄덕이게 합니다.
간혹
나의 얼굴을 미소 짓게 합니다.

대화가 잠시 끊어질 때마다
서둘러 나서지 않는 또 다른 대화를 위해
무슨 말이든 하려고 애쓰던 나의 앞에
조용히 앉아 있던 사람.

돌아오는 길 위에 서성이는 가슴은

왜

주지 못한 안타까움으로 무거워질까요?

나, 너에 대한 비망록

〔군 입대 한 달 전 보낸 편지〕

글을 쓰고 싶지 않았어.
비우는 마음이었어도
너를 향한 부름이었어도
내 맘에 맴도는 독백이었어도
서투른 글의 조각을 맞추고 싶지 않았어.
하지만, 알려주고 싶었어.
누구의 글로도 짐작할 수 없는
나만이 가지던 널 위한 시간의 깊이를.

시작의 망설임.
지금의 망설임은
안부를 묻기 위해 전화기를 들고 설레던
그런 종류의 것이 아님을 넌 알런지.
끓어오르는 부끄러움을 지나
비워냄과 도려냄을 거듭하는
그리고 다시 채워짐과 상처의 아픔을 되풀이하는

결코 지치지 않는 너에 대한 나의 기도,
그 기도 속에서도 이 망설임은 계속되었어.

그냥 좋은 사람으로 남고 싶었어.
언제까지나 기억해 주고 가끔씩 떠오르는
그러다가 네가 보내는 시간 중에
잠시 스치는 추억으로 남기보다
누군가에 대한 너 자신의 사랑을 가졌을 때
기쁘게 잊어줄 수 있는 사람이 되길 바랐어.
이런 바람마저 욕심이라도
이것 하나만은 갖고 싶었어.
네게 주고 싶었어.
어린 왕자가 사막에서 만난 조종사에게
밤하늘 별들이 울리는 웃음소리를 남기고
자기 별로 돌아갔듯이
그런 의미 하나쯤 주고 싶었어.

네 앞에 내세울 수 있는 자랑스러운 고백이지만
왠지 움츠러들고 마는 마음 때문에
네 손바닥 위에 작은 손길로 써 주고 싶었어.
내게 쌓여가던 너에 대한 모든 것을.

나 혼자의 마음에서 시작된
나 혼자의 시간 속에 가지던
너에 대한 기억들과
우리가 지나쳐 왔던 옛 흔적,
그걸 추억이라고 해도 될까?

엉킨 실타래 같던 말의 혼돈 속에서도
맴도는 너의 얼굴,
세상을 아름답게 바라보는 눈을 가르쳐 준
네게 건넬게.
네 눈동자를, 네 미소의 따스한 온기를 느끼며
안녕이라는 한마디.

독백 속의 물음

오가는 잔을 기울이며
조용히 들려오는 음악소리에 맞추어
조심스럽게 둘의 대화를 이어갔지.
그것이 우리가 마주친 후 가졌던 열 번째 만남,
입영을 하루 앞둔 어색하고 아쉬운 저녁 풍경이었어.

내가 지은 詩 한편에
넌 곱게 기른 긴 머리칼에 얼굴을 묻었고
내가 써 준 여린 고백에
넌 가지런한 치아 사이에 침묵을 이었지.
네게 그저 좋은 사람으로만 남고 싶었던 언젠가
너의 웃음 몰래 난 안녕을 띄웠고
그 이별을 이겨내지 못한 긴 방황에
발길은 다시 네 곁으로 향할 수밖에 없었지.

잠시 미소 띤 악수를 나눈 지하철 합정역.
아무 바람 없이 맘에 깊이 새겨야 할
추억의 울림 속에 떠오르는 친구야,
너를 떠나야 하는 긴 여행에서 돌아오면
넌 어디쯤에서
행복을 찾고 있을까?

꽃다발

놓을 수 없는 사람에게
오늘도
안부 한마디 건네 봅니다.
잘 지내냐고, 별일은 없냐고.
늘 같은 두근거림으로
차마 꺼내지 못하는 그런 말들을
인사로 대신합니다.

당신은 항상
내 그리움의 한가운데 있었고
당신은 언제나
내 하늘가의 맑은 바람이었고
당신은 변치 않는
내 소나무의 푸르름이었습니다.

잊지 못하는
아쉬움들이 이렇듯 줄지어
눈앞을 어지럽게 오가면
어제도 그러했고
오늘도 그러하듯
내 맘은 한 송이씩 꽃을 피웁니다.

아주 나중에
뒤늦게 깨달은 진심을 탓하며
당신의 품에 안길 이 꽃다발을
난 무엇이라고 불러야 합니까?

사람의 고백

문득 당신 앞이 부끄러운 때가 있습니다.
하나의 몸뚱이조차 가누지 못하고
순결한 당신 앞이라 생각하여
죄를 지은 종교처럼 속죄하며
고개 떨구는 순간이 있습니다.
나 아직 당신을 알지 못하고
한참도 채워야 할 날이 많기에
기다림이 줄지어 서 있는데
그저 아래로만 아래로만
흔들리는 순간이 있습니다.
내 조그만 마음의 내비침이
수줍은 당신 입술에서는
커다란 빛깔로 눈부신데
유혹을 이기지 못하고
무릎 꿇는 순간이 있습니다.

가을날의 서성거림에서 돌아와
당신과의 추억을 느끼며
굳게 두 손을 모아봅니다.
예정 없는 순간순간의 욕심이
오직 당신 앞에서만 사라짐을 알며
눈물 흘리는 믿음이 있습니다.

꿈의 선물

행복한 神의 선물일까요?
고운 선율에 묻히듯
밤이 오고가고
지금도 간직하는 동화처럼
당신의 이름 부르는 그런 시간입니다.

먼 곳에서의 기억은
헤어짐 뒤의 긴 시간 속에서
차츰 멀어짐을 느끼고
지쳐가는 추억의 반추에
점점 잊힌다 했습니다.
그것이 흔한 모습이라고 했습니다.

당신을 만난 계절을 추스리며
우리가 지낸 시간을 헤아리는 게
자꾸 지워지는 당신 미소를 붙잡으려는
수줍은 마음의 작은 기도임을 알아주세요.
당신 손길의 짧은 체온을
피어나는 꽃망울의 이슬 향기로 되새기는
혼자만의 잔잔한 웃음도
내보일수록 부끄런 마음임을 알아주세요.

새벽까지 당신 기억 되뇌다
서리 내린 창문을 열어젖히던 지난 여러 날,
얕은 꿈을 깬 후엔
당신이 더욱 사랑에 가까워집니다.

당신만이

마음의 근원을 흐르는
가장 맑은 언어들을 토해내며
그리움을 향한 지친 달음박질로
새벽까지 깨어있는 사랑이 있습니다.

스스로 만든 부끄러운 마음에
행복한 미소만을 준비하는 만남.
그 뒤의 헤어짐을
이리도 긴 아쉬움으로 꽃피게 했던
당신이 있습니다.

세월에 막혀 버린 틀 속에서
이별의 가시에 찢긴 누더기를 걸치고
님을 기다리는 사람에게
환희의 열쇠를 쥐어주는
당신이 있습니다.

흩어지는 머릿결 사이의 바람으로 다가와서
귀뚜라미의 엷은 떨림에 묻히는 가을은
당신을 위한 나의 사색입니다.

영원을 만들며

물결이 짙은 날에는
돌아와 당신과의 추억을 꺼내 봅니다.
차가워 손 한번 담그지 못한 물길에서
이젠 멀리 계신 당신의 모습을 잡아 봅니다.
구름이 얼룩처럼 하늘에 돌고
다가오는 바람에 잠시잠시 흔들리는 풀잎이
소담스러운 이곳인데
당신은 밤을 뒤척이게 만드는 기억의 장소에 계십니다.
물집이 생기도록 걸어걸어 당신 앞에 서 보면
이런 나에게 따스한 차 한 잔 마련할 수 있습니까?
붉은 장미 한 송이를 당신의 사진 위에 놓아 봅니다.
당신 얼굴이 더욱 발갛게 보입니다.
꽃 한 송이는 당신이 모르는 사랑입니다.
내가 보내는 꽃의 사연들이
먼 후일 당신의 여린 가슴에 꽃다발로 묶일 때
그것은 나의 그리움입니다.
씻긴 듯 씻은 듯 모르게 감추는 이런 마음이

당신을 내 속에서 영원하게 만드는 일임을 알며
깨달아 가는 삶이가 있습니다.

사람의 고백 II

어제처럼 당신이 있는데
아직까지 육신의 방황에 아파합니다.
나의 계절 느낌에 추억이 있고
우리의 미소가 영화처럼 박힌 날에도
인간이라는 아픈 이름을 지니고 있습니다.

당신과의 인연으로
새벽별에 반짝이는
이슬 둥근 아침의
싱그러움을 알았습니다.
쏟아지는 빗줄기에
사이사이 흘러내리는
그리움을 알았습니다.

떠도는 별의 잉잉거림 같은 당신의 아득함,
언뜻 언뜻 묻어나는 수채화 같은 삶,
또 한 번 당신께 돌아갑니다.

마음에 익어가는 그리움

저만치 차창 너머로
당신이 웃으며 돌아섰을 때
이것이
마지막을 위한 갈림이 아니길 약속했습니다.

소중히 보내준
핑크빛 봉투의 편지를
처음 화장하는 숙녀의 설레임으로
한 구절, 한 구절씩 읽어나갈 때에도
당신이 가까워져 있음을 알 수 있었습니다.

다만 여기에서는
당신의 눈빛을 별빛으로 바꾸어야 하고
추억 속에서만 당신은 움직이고 있고
가득한 이야기의 흔적이 시간 속에서
지워져 가는 것이 안타까웠습니다.

편지를 받은 시린 겨울의 오후.

퇴색되지 않고 오히려 짙어만 가는

마음 속 아름다운 주인공이 당신인 것은

익어가는 그리움 때문이라는 것을 알았습니다.

사랑이라는 말은

만약 내가 당신에게
왜 그리 예쁜지 물어본다면
그건 당신이 아름답기 때문만은 아닙니다.

가슴에만 남기는 그 말,
아주 오래 준비했기에
이젠 수정처럼 맑게 걸러내어진
그 말을 하기가 아직은 서툴기 때문이고
여전히 설렘이 조금씩 전해지기 때문입니다.

당신과 만나고 헤어져 오면
자랑할 일이 생긴듯한 여운 속에
눈에 익은 그림자만 머무는 밤이 됩니다.
당신을 만나 온 지난날들을
그저 많은 시간이라고 하지는 않겠습니다.
당신을 알고 지낸 계절들을
참 싱그런 느낌이었다고 하겠습니다.

삶에 향기를 지닌 당신,
당신이 내게 전한 의미가 무엇인지
아직도 모르시겠습니까?

그래서,
그 말을 당신께만은
쉽사리 전할 수가 없나 봅니다.

어떤 우울

긴 한숨 뒤
팔랑거리는 나뭇잎도 잠깐 보고
시간 속의 혼자 있음에 젖으면
기억 속에 머무르는
어떤 우울.

확인할 수 없는 사랑과
막을 수 없는 그리움의 사이에서
흔들리듯 서성거리는
우울한 그림자.

휘파람 같은 추억으로
삶을 이어가고 있음을 일깨우는
당신의 존재도
멀리 있을 땐
작은 우울.

삶에 빗대어

어느 나뭇가지에 앉은
까치 소리 들리면
행여나
소식 올까 잠시 멈추어 봅니다.
내리는 빛이 물결되어
가슴 한곳 허물어 오면
그 소리의 여운에
하루를 설레입니다.
그립단 말,
보고 싶단 말,
깊은 맹세는 보내지 않았습니다.
멀리 있을지라도
내 마음 새겨 주리라
그리 여기며
까치 소리 끊긴 하늘,
그리워 떠오르는 얼굴에
환한 사랑 하나 묻어둡니다.

Shadow

표정

지친 어깨를 더욱 늘어지게 만드는
똑같은 반복 속에서도
잊지 않는 것이 있다면
누군가를 향한 끝없는 갈구, 그리움,

그리고,
짙은 커피색 침묵.

표정

차창에 기대어 오며
당신 생각을 많이도 해 보았습니다.
이젠 잊어야 한다고…

당신과 이별한 지난 밤.
아무런 아쉬움 없는 느낌 속에서
스스로를 퍽이나 대견해 하던 내게
오래된 친구가 가만히 묻더이다.
좋은 결말을 보고 왔냐고.
난 혹시나 그때의 당신 모습과
오가며 회상되는 기억이 다시
내 의식에 뚜렷이 새겨질까 봐
모르겠다고 그만 자자고 졸라대었지요.
잠들며 당신 생각은 안 했습니다.
당신을 생각하며 잠이 들고
당신을 향한 내 기다림을 확인하는 것으로
하루를 마치던 나였는데

그저
당신을 잊고 살아가야 할 세상에
나 자신이 놓여있다는 생각만
잠시 흔들리는 바람에 들꽃이 하늘거리듯
휙 지나갔습니다.

그 뒤
난 나의 생활로 돌아가기 위해
다시 제복을 입고 머리를 깎고 책을 든 채로
버스에 올랐습니다.
거리엔
때 이른 캐럴송이 들리고
회색 하늘에는 어두움이 그늘 지우고
아이들은 가방을 메고 집으로 갑니다.
차창에서 보는 남의 삶이가
무척이나 정겹고 행복해 보입니다.

잠시 나의 생활을 돌아보았습니다.
어린 시절의 유치한 기억과
힘들었던 사춘기 시절의 고민과
짊어져야 할 앞날의 무게도 가늠해 보았습니다.
새로운 세계에 마음을 열고
세상에 묻혀 나를 잃지 말자고 다짐하며
잠깐의 사색을 끝마치려 했습니다.
그러다
다시 당신 모습을 떠올리는 나를 발견하고
그 얼굴을 지우기 위해
얼른 눈을 들어 하늘을 바라보았습니다.

우리의 홀가분한 헤어짐을 나누고 돌아올 때
난 흔들리는 창가에 비친 당신의 모습을
눈동자에 담을 수 없어
고개 돌리며 서 있어야 했습니다.
지하철의 흔들림 때문에
묵묵히 가방을 멘
당신의 작은 어깨가 흔들리고 있음을 알았지만
그 어깨를 감싸 줄 누군가가
당신의 마음에 깊이 자리하고 있음을 떠올렸기에
잠시 잠시의 곁눈질로
그런 당신의 모습을 애써 외면하며 서 있었습니다.

사람 붐비는 신도림역의 지하도를 혼자 내려가다
나는 문득
우두커니 나를 쳐다보고 서 있는
당신의 얼굴을 발견하고 말았습니다.
흐린 얼굴빛…
화사한 꽃송이를 초라하게 만드는 당신의 얼굴이
회색으로 굳어 있음을 보고
난 나의 결심에 대한 당신의 작은 격려로만 여겼고,
그 표정의 떠올림이
불쑥불쑥 떠오르는 당신 생각을 지우기 위한
내 무의식과의 마지막 타협이었습니다.

바로 그때,
나 자신도 눈치 채지 못한 그때,
눈물 한 방울 뜨겁게 얼굴을 가로질렀습니다.
이별은 생각하지 않으려고 했습니다.
자꾸 내 마음 어딘가에서
당신의 표정을 통해 슬픔을 토해내려 하기에
사정도 하고 달래도 보며 끊으려 했는데
그만 눈물을 건드리고 말았나 봅니다.

당신에겐 스스럼없이 안녕을 고해야 할 사연이 있기에
더 이상 당신을 어지럽게 해선 안 된다는 자책을 하며,

당신에 대한 나의 추억 그 어느 부분에서도
내 눈물까지 뻗어 올라 갈
감정의 격함은 존재하지 않음을
다행으로 여기던 어젯밤을 떠올릴 때
난 또 다른 눈물방울을 흘리고 있었습니다.
그러면서 당신이 미워지고
당신이 왜 웃어주지 않았는지 원망하며
흐린 안경을 내려놓았습니다.

당신을 만나지 않겠습니다.
당신을 기억하지 않겠습니다.
당신을 그리워하지 않겠습니다.
당신을 떠올리게 하는 이런 다짐들이 스쳐갈 때
그 결심들이 이젠 너무 무뎌져 있음을 알았습니다.
그리고,
한 가지 선명하게 다가오는 현실이 있었습니다.
그건 당신이 내 곁에 없고
앞으로도 없을 거라는 사실이었습니다.
당신의 영역을 도려내는 것,
단지 그것뿐인데도
붙잡지 못하는 눈물이 또 한 번 흐릅니다.

어둠이 깊은 시간.

난 당신을 위해 또 하나의 글을 이렇게 씁니다.

그것은 나에게 기쁜 깨달음이 있기 때문입니다.

더 이상 내게 당신을 지우리란 다짐은 필요치 않습니다.

당신과 보낸 열아홉 번의 만남을

내 기억이 숨 쉬는 한 추억하며 살 것이기에

이제 당신을 떼어 놓을 수 없음을 알았습니다.

어떤 색깔의 시간으로도

어느 누구의 자극으로도

당신이 남긴 향기는 지워지지 않습니다.

다만 이제부터

이 세상에서의 긴 미로 찾기는 끝을 내고

닿을 수 없는 당신을 반추하며 다음 세상을 기약하려 합니다.

그리고, 당신과의 다음번 인연을 기원하겠습니다.

이것이 너무나도 오랜 기다림인 것을 압니다.

어쩌면 약속될 수 없는 부질없음인 것도 압니다.

또한, 당신을 잊는 것보다 어려운 일일지도 모릅니다.

하지만,

그렇게 당신을 새기고 있겠습니다.

내겐 이별로 예정된 짧은 인연이었지만

다시 당신을 보면 한눈에 알아볼 수 있도록

추억을 고스란히 간직하며 그렇게 기다리겠습니다.

이 밤에도

전해 줄 한 마디가 남은 듯한 여운 속에

당신의 기억은 어둠 속으로 스며듭니다.

그러나,

눈물이 밴 당신의 편지를 읽던 눈시울에서

눈물은 더 이상 없었으면 합니다.

다음 인연에서 만날 당신을 향해

두 손을 굳게 모아보며

제발

더 이상은 눈물이 없었으면 합니다.

상처

넌…

나쁘네.

참 나쁘네.

정말 나쁘네.

진짜로 나쁘네.

엄청나게 나쁘네.

그렇게 하지 않아도 충분히 잊어줄 수 있는데…

그렇게 하지 않아도 우리의 인연은 여기까지인데…

그렇게 하지 않아도 얼마나 날 미워하는지 잘 아는데…

이렇게 네가 없어도 얼마나 널 그리는 지도 모르면서…

이렇게 네가 없어도 함께한 시간은 맘에 남았는데…

이렇게 네가 없어도 넌 여전히 지워지지 않는데…

지나치게 아프네.

정말로 아프네.

전부 아프네.

막 아프네.

아프네.

난…

넌 참 나빠

넌 참 나쁜 사람이야.

날 처음부터 많이 아프게 했으니까.
아파도 여러 날을 행복하게 했으니까.
행복한 마음에도 그리움을 남겼으니까.
그리워도 차마 말하지 못하게 했으니까.
못한 말들 듣지 않고 나를 거절했으니까.
거절하는 너를 다시금 기다리게 했으니까.
기다림도 나에게는 언제나 즐겁게 했으니까.
즐거움에 상처 같은 슬픔을 감추게 했으니까.

넌 정말 나쁜 사람이야.

이 세상에 너라는 사람이 있다는 것을 알게 했으니까.
너라는 사람을 알고 난 후 너를 사랑하게 했으니까.
너를 사랑하는 나를 멈추지 않게 내버려 뒀으니까.
멈추지 않는 오랜 사랑을 모른 척 외면했으니까.
그래서 결국 서둘러 이별이 다가오게 했으니까.

아직도

아직도
당신 이름에 눈물이 납니다.

아직도
가슴 아린 내가
당신 이름에 눈물이 납니다.

아직도
가슴 아린 내가
밤새 불러보는 단 한 사람.
당신 이름에 눈물이 납니다.

아직도
가슴 아린 내가
밤새 불러보는 단 한 사람.
붙잡을 수 없는 어긋난 인연에 담긴
당신 이름에 눈물이 납니다.

아직도

당신 이름은 내게 눈물입니다.

Re: 그녀의 쪽지

네 이름만으로도
그리움 이기지 못하는 나라는 걸
네가 스치던 시간들은
내 마음 속 깊이 새겨진다는 걸
넌 잘 알잖아.
마음에서 널 놓아주기가 얼마나 힘든지
앞날에서 널 지워가기가 얼마나 힘들지
넌 너무 잘 알잖아.

이 바보야,
내가 준 게 뭐 있니?
전부 네가 준 거잖아.
누군가를 사랑하는 것도
누군가를 기다리는 것도
누군가를 추억하는 것도
누군가로 인해 기쁜 것도
누군가로 인해 안타까운 것도

누군가로 인해 아름다움을 느낀 것도
네가 나에게 가르쳐 준 것들이었잖아.

너를 왜 좋아하느냐고?
네가 날 그렇게 만들었잖아.
너만 보이도록 만들었잖아.
너만 그리도록 만들었잖아.

하지만, 넌
다른 사랑을 꿈꾸었고,
다른 사랑을 마음에 두었고
다른 사랑을 위해 웃어 주었지.

널 바라보는 내 시선에 네가 미안해할까 봐,
널 바라보던 내 기억을 네가 잊어야 하니까,
네가 전한 이별에 무릎 꿇을 수밖에 없잖아.
아픈 나의 맘에서 흔적 없이 도려내지 못하고
고운 추억 그대로 시간에 맡길 수밖에 없잖아.

넌 정말 나쁜 사람이야.
힘들게 너를 간직해 가고 있다는 걸 알면서
다른 사람을 만나 너처럼 행복하라고 하니까.

그러니까
정말 나쁘니까
너를 잊을 수가 없잖아.

싸움에 지고

이렇게 그리움을 이기지 못하는 날이 있습니다.
이별 뒤 나의 혼잣말은 잊자고 합니다.
그렇게 아프도록 되뇌며 잊자고 합니다.
이별 뒤 나의 마음은 그러지 말자고 합니다.
잊지 말고 추억을 깊숙하게 남기자 합니다.
나의 말과 마음은 항상 자기를 앞세우며
잊자 그러지 말자고 다툽니다.

끝내
당신으로 인해 그 허무함이 메워진다는 것을
다시금 알면서 깨달으면서
당신으로 인해 세월을 잃어 갑니다.

그래도 나의 사랑은

아무런 메아리의 휘감김도 없어라.
이름 없는 골짜기에서
십수 년을 피었다 지는 들꽃의 수수함으로
가끔씩 불어오는 바람을 기다린다.

누군가에게
눈길 한 번 없이 짓밟혀
부러지고 짓이겨진 몸으로
꽃의 일생을 마감할 때까지
홀로 있게 된다고 해도
언제나 제자리에서만
피고 지고.

그리하여
나의 사랑은 내 안에 잦아들고
노을에 깃을 추스르는 철새의 무리처럼
또 다른 하루접기를 한다.

아직 내겐

아늑한 풀숲에 누워 하늘을 바라보면
가눌 수 없는 그리움 하나
가슴을 눌러옴을 느낍니다.
들꽃 같은 끈질긴 생명력으로
버텨오고 있음을 느낍니다.

새 텃밭엔
따스한 흙의 온기가 오름 오르고
마른 풀잎 위에는
깃털 같은 바람이 술렁거립니다.
저마다 님을 맞는 새색시처럼 수줍은데
내 마음의 빈터는 왜 이리 넓은지요.

한때 그 곳엔
수풀과 꽃이 어우러지고
흐드러진 풀냄새에 취하여
당신의 그림자가 아롱거렸는데
지금 그곳엔
당신을 떠올리게 하는 추억만
자갈밭 속에 무더기로 숨겨져 있습니다.

당신만으로 치유될 수 있는 중병을 앓으며
난 아직도 당신만을 떠올립니다.

잠 못 이루는 밤

잊고 삽니다.
산다는 것은 기억한다는 것이라 여기며
흩어지는 추억의 파편을 주워 담아
안타깝게 잡으려던 당신이지만
이렇게 남들처럼 잊고 삽니다.

당신 한 번 생각하는 것으로
내 마음 깨끗해지고
당신 웃음의 기억이
내 어깨를 토닥거리는 것 같았는데
잊힌 듯 시간이 지났습니다.

멀어진 달력의 시간만큼
그런 날들의 뒷모습처럼
당신이 사라져 갑니다.
그런 생각이 드는 밤엔
다시 뒤척여 당신을 생각합니다.

그 사람은 모릅니다

하루 중에도
습관처럼 그 사람을 기억한다는 것을
버릇처럼 그 사람을 떠올린다는 것을
그 사람은 모릅니다.

아직도 그 사람 생각의 처음엔
좋았던 순간들만 스쳐 지나갑니다.
영원으로 감춰둔 지난 추억은
내 맘에서 불쑥불쑥 되살아납니다.
내게 그가 인연은 아니었지만
내가 그의 연인은 아니었지만
그 사람이 있어 내가 많이 행복했었다는 것을
그 사람이 있어 내가 많이 그리워한다는 것을
그 사람은 모릅니다.

만남부터 이별까지
그 사람은 내게 너무 멀리 있습니다.
그래서, 그 사람은 나를 모릅니다.

사랑... 사랑은

아무에게도 들키지 말았으면 하는 사랑이 있습니다.
사랑하는 그 사람에게마저 비밀이 되는 사랑도
이 세상에는 있습니다.

모두가 눈치 채지만 그 사람만 모르는 사랑이 있습니다.
사랑받고 있는 그 사람만 모르고 있는 사랑도
이 세상에는 있습니다.

미안하기에, 그래서 멈추어야 하는 사랑이 있습니다.
먼저 등을 보이며 멀어지는 것이 배려가 되는 사랑도
이 세상에는 있습니다.

헤어지면 어떤 모습으로 살아갈지 분명한 사랑이 있습니다.
평생 한 사람의 이름만 가슴에 새기며 살아가는 사랑도
이 세상에는 있습니다.

어떤 사랑을 하든지 이별의 무게는 이기지 못합니다.
어떤 사랑을 하든지 추억의 여운은 견디지 못합니다.

지나간 사랑 때문에 잠들지 못하는 밤이
이 세상에는 있습니다.
멀어진 사랑 때문에 슬픔을 누르는 맘이
이 세상에는 있습니다.

혼자만의 기념일

흔들리는 지하철 4호선.

당신과 내가 손잡이를 잡고 서 있습니다.

점점 지하철 안으로 많은 사람들이 타고 내리며 오갑니다.

시간은 밤을 향하기에 차창 밖 도로 위 자동차의 불빛이

커다란 도시의 네온과 어울리며 스쳐갑니다.

문득 곁에 선 당신을 쳐다봅니다.

당신의 얼굴을 빤히 쳐다봅니다.

당신의 이마, 눈썹, 코, 입술, 턱, 그리고 귀를

차례차례 쳐다봅니다.

잊어버리지 않도록, 잊어버리면 안 되니까

내 기억의 저장고에 차곡차곡 채워 갑니다.

아무 말 없이 그냥,

약간은 장난끼 있는 미소로 째려봅니다.

잠시 후 당신이 나를 봅니다.

곁에 선 나를 힐끔 보더니

갑자기 내 얼굴을 향해 혀를 낼름 내밉니다.

짧은 순간 당신의 혀가 보였다 사라집니다.

그리곤, 당신이 말합니다.
"그렇게 빤히 쳐다보니까 내가 무슨 액션을 취해야겠기에
그래서 그냥…."
그 말에 둘이 한바탕 즐거웠던 기억.

그런 당신을 추억하는 기념일이 지나갑니다.
처음부터 그러했었다는 듯
혼자서 기억하고, 준비하고, 축하하는,
그런 기념일이 이제 7번째 지나갑니다.

그때는 사랑이 세상의 전부인 줄로만 알았습니다.
그때는 사랑이면 그것만으로 맘이 채워져 버렸습니다.
그때는 사랑이라면 당신과 영원하리라 그리 여겼습니다.
그때는 사랑이기에 함께할 것 같던 얼굴이 이제 없습니다.

당신은 없지만 남겨준 추억은
어깨를 토닥이며 힘을 내라고 격려했지요.
아직 때가 아닐 뿐이라고,
다시 시작할 수 있을 거라고,
더 멋지고 아름다운 시간이 온다고,
기다린 시간의 가치가 한껏 느껴질 거라고
그렇게 나를 달래주고 있었지요.

사랑의 마지막 모습이라 하면서도
그렇게 사랑은 그 자리에 있었나 봅니다.
덩그러니 놓인 마음의 공백 속에
아무것도 채우지 못하는 무기력함.
지난 세월 텅 빈 마음의 여백 속에
누구하나 들이지 못하는 오랜 습관.

비워두던 그 자리에
이제 다른 사람을 들이게 되면
나는 크게 벌을 받을 것 같습니다.
이미 내 마음의 주인공은 따로 있는데
다른 사람을 생각하는 죄를 짓게 되면
불면의 시간과 후회, 자책, 상실의 벌이 기다리고
내가 익숙하지 않을 또 다른 고독이 준비되겠지요.

사랑이 오거든 죽을 듯이 붙잡으라던 당신의 말,
사랑이 오거든 숨지 말고 용기를 내라던 그 말에
금세 눈물이 납니다.
자꾸 눈물이 흐릅니다.
이것도 아마 벌이겠죠?

그래도 당신과는 오랜 추억이 조금 있으니,
그래도 당신과의 작은 기억이 아직 있으니,

그것만으로 내가 행복할 수 있을 것 같습니다.
그 시간의 반추만으로도 행복하다 하겠습니다.

그런 당신… 고마워요.

햇살이었지

그냥
나른한 오후의 햇살이었지.
화려함으로 치장한 풀들 틈에서 나무들 사이에서
언뜻언뜻 보인 그 사람은 참 포근한 햇살이었지.

머릿결을 쓰다듬어 주는 바람도 있고
맑고 싱그럽게 흩날리는 꽃비도 있고
눈부시게 파란 하늘에는 구름도 있고
햇살 속에서 포근한 그런 꿈을 꾸었지.

한순간이었지.
스펙트럼 속의 무지개 같은 추억만 두고
나의 곤한 잠을 깨우며 스러져 버린 햇살은
바쁘게 뒷걸음치며 사라졌지.

이젠

오직 내 꿈에서만 존재하는 추억.

오직 내 추억에만 살아있는 사랑.

오직 내 사랑에만 담기는 그리움.

숨바꼭질

가끔 영화를 봅니다.
당신을 떠올리게 하는 영화들을 봅니다.
당신이 좋아하던 그런 영화들을 봅니다.
그 주인공의 대사가 당신의 목소리 같고
그 주인공의 몸짓이 당신을 닮은 영화를 봅니다.

몬트리올 예수, 퐁네프의 연인들, 마농의 샘, 천국보다 낯선,
해피투게더, 가을의 전설, 필라델피아, 카멜롯의 전설,
터미널, 비천무, 어둠 속의 댄서, 4월 이야기, 시카고,
오아시스, 와이키키 브라더스, 냉정과 열정사이, …

당신과 함께 본 영화도 있지만
당신 때문에 내가 알게 된 영화가 더 많았지요.
영화를 얘기하며 행복해 하던 당신 때문에
내가 보고 싶었던 영화가 더 많았지요.

그런 영화들을 나 혼자서 봅니다.
영화를 보며 당신이 가졌던 느낌들을 발견해 봅니다.
영화를 얘기하며 꿈꾸던 당신의 눈빛을 찾아봅니다.

당신이 말하던 영화 속에 당신이 숨어 있습니다.
당신이 느꼈던 영화 속에 당신이 감춰져 있습니다.

후유증

떠나고 나면 가슴에 남는 추억이
지나고 나면 기억에 남는 시간이
병이 되고 있다.

떠나고 나면 아무것도 아닐 거라던 사람이
지나고 나면 돌보지 않을 것 같던 사랑이
아직도 병이 되고 있다.

꽃비

좀 더 사랑하라 한다.
젖은 채 흩날리는 이슬비에
꽃잎 나풀거리듯 하지 말라 한다.
어금니 악물고서 암팡지게 버티라 한다.
그런 다음 다시 그 사람 그려보라 한다.

난 이렇게 사무치듯 아픈데
나만 탓하며
눈 흘기는 봄 하늘 속의 꽃비.

아직도
기다려야 할 시간이
좀 더 남았다 한다.

아니더이다

애초에 맺어질 인연이 아니었기에
쌓여가는 시간 속에서 사라진다던 말,
눈을 감고 귀를 막고 지내다 보면
멀어지는 사람이라고 귀띔해 주던 말,
그 말은… 아니더이다.

꿈속에서라도 볼까 싶어 애타는 마음과
꿈속에서라도 보고 싶어 커지는 그리움은
그까짓 인연이 아닐 거라는 굳은 다짐들이
천 번을 넘고 만 번을 지나도 잦아들지 않더이다.

아무리 세월이 흘러도
혼자의 여린 애달픔이 길어도
그 인연이 내 사람은 아닐 지라도
잊어야 한다는 말은 어렵게 느껴지더이다.
사랑을 바라지 않아도 기다림은 남더이다.

지난 사랑은
미련의 무게로 다가오는 것이 아니라
추억의 깊이로 아려오더이다.

그래서,
사랑이 아프더이다.

카레 속에 그녀가 있다

식당에 혼자앉아 카레를 먹는다.

밥에 비벼먹는 카레의 맛이란.

그런데,

카레 속에서 그녀가 불쑥 고개를 내민다.

어떻게 카레 속에 들어갈 수 있었던 걸까?

어지러운 숟갈질을

잘도 피하며

요리로 조리로

카레 밥 속을 헤집고 다니는 그녀.

잠시

숟갈질을 멈추니

어느새 그녀는 다시 카레 속으로

숨어들어 버렸다.

내게 무슨 할 말이 있었던 걸까?

내가 무슨 할 말이 있었던 걸까?

아…

내가 있는 하늘과 땅,

내가 느끼는 사물들 속에

그녀가 나 몰래 꼭꼭 숨어 있었구나.

그녀가 나 몰래 추억에 감춰져 있었구나.

빗소리

오래된 나무의 가지를 흘러 떨어지는 방울이
마음속에는 소리로 들려왔습니다.
흐르는 빗물에 담긴 것은 하늘의 형상이 아니라
내가 아직까지 벗지 못하고 있는
당신을 향한 그리움의 무거운 굴레였습니다.

퍼붓는 빗소리에 내 노래가 묻히는 시간,
되돌아 본 나의 발자국에 숨겨진 비밀들을
눈물 같은 빗물로 씻어내고 싶었습니다.

선선히 부는 바람, 그 속의 먼 당신.
제 갈 길에 바쁜 오후에는
어두운 구름 아래 서 있고 싶었습니다.

바람이라고 하자

바람이라고 하자.
잠시 내 곁에 머물던 봄바람이었다고 하자.
겨우내 움츠린 외로움을 날려버려 주었던
따스한 햇살 속의 그런 살가운 바람이었다고 하자.

바람이라고 하자.
보이지 않는 추억 속에서 머물던 바람이라고 하자.
혼자 힘들어 하던 젊은 시절의 어색한 고독 속에서
아지랑이를 몰고 와서 냉기를 녹인 바람이었다고 하자.

바람이라고 하자.
이젠 흔적도 없는, 기억도 없는 바람이라고 하자.
스스로 만든 마음의 틀 속에 가둘 수 없는 인연이기에
내 손에 아무것도 남기지 않은 그런 바람이었다고 하자.

바람이라고 하자.

언젠간 눈을 감고 있어도 볼 수 있는
언젠간 두 귀를 막아도 들릴 수 있는
그런 바람이 불 것이라고 하자.
그런 바람이 올 것이라고 하자.

약속

갔던 길 되돌아오듯
그렇게 살라 합니다.

당신 그림자에 가슴 설레이다
당신 눈길 마주치지 않아도
당신께 드리려던 마음은
두 손에 꼬옥 쥐고
그렇게 살라 합니다.

해뜨기 전 갔던 길
해지고 다시 오면
꼭 다짐하라 합니다.
갔던 길 되돌아오자고.

반쪽을 위한 이야기

오늘도 당신을 생각했습니다.
당신은 그림자조차 보이지 않고
지친 하루를 또 저물게 하였습니다.
끝도 없이 솟아나는 호흡처럼 느낄 수 있지만,
어두운 인간의 눈으로는 볼 수 없는 그런 당신입니다.

평범하게 지나는 어느 날엔가
문득 당신은 당신 모습을 내게 나타낼 것임을 압니다.
아무렇지 않은 듯 성큼 다가와
차츰 그 껍데기를 벗어 버리고
내가 알아차릴 정도로 뚜렷해질 것임을 압니다.
그러나,
당신을 만나 나의 기다림이 끊어질 때
곧 그 세월의 끈은 그리움으로 이어져야 함을 압니다.
당신과 함께 만든 세월의 추억들이 잊혀 갈 때
당신을 다시금 기다려야 함을 압니다.

헤어짐은 되돌아가야 하는 길임을 압니다.

숱한 인연 속에서
당신은 항상 아쉬움으로만 기억되어 갑니다.
이렇게 멀어도 당신은 내게 영원을 가르쳐 줍니다.
마음 한 구석을 언제나 꽉 차게 채우고 있습니다.
오늘도 그런 당신을 생각했습니다.

SunShine

지금 그대로

추억이 많아서가 아니라
추억을 기억하던 시간이 많아서
추억에 대한 미련이 오래였나 봅니다.

당신은 당신의 삶을 걷고
나 또한 나의 길을 가겠지만
한참 예전에
당신을 보내고 기약하던 다음번 인연,

지금이 바로
그 인연의 시작임을 알겠습니다.

지금 그대로

얼마나 많고 오랜 기다림이
당신과 나를 옭아매고 있는지는
세월만 아는 것일까요?

문득 바람이 불어
당신 기억을 접어두라며 꾸짖기도 하고
오염되어 버린 세상에 파묻혀
당신 존재가 일상에 움츠러들기도 했습니다.

아무도 찾지 못하는 곳.
심장을 드러내어도 보이지 않고
화장터에서 타 버린 뼈까지 부수어도 찾지 못하는
내 영혼의 마지막 페이지에
당신을 새겨두어
남들에겐 잊힌 듯 보이려 애썼습니다.

맑게 갠 하늘 끝까지 닿기 위해
힘껏 공을 던져 올리고
떨어진 공을 주워 또 던져 올리는
어리석음 같은 그리움을 혼자 품고 살아왔습니다.
그렇게 하루하루를 버텨 왔습니다.

헤어진 시간의 처음과 끝을 잘라버리고
다시 만난 당신.
비록 멀리 있는 서로일지라도
조그만 인연이 놓여 진 지금.
난 눈물부터 흐릅니다.

시나브로

그냥 그 사람을 바라보는 사람이고 싶었습니다.
그냥 그 사람을 그리워하는 사람이었습니다.
그냥 그 사람을 맘에 둔 사람이었습니다.

난 그 사람에게 그냥 그런 사람이었습니다.

문득 어느 날 그 사람만 바라보는 사람이 되어 있었습니다.
문득 어느 날 그 사람만 그리워하는 사람이 되었습니다.
문득 어느 날 그 사람만 맘에 둔 사람이 되었습니다.

그 사람은 내게 그냥 그런 사람이 아니었습니다.

다행이다

그런 생각을 했었어.
무슨 말을 할까? 라는.
어떤 인사를 건넬까? 라는.

그런 생각도 했었어.
내가 멋지게 보여야 할 텐데… 라는.
네가 날 알아 볼 수 있어야 할 텐데… 라는.

근데, 왜 너 내게 거짓말한 거야?
얼굴 볼 살이 빠져서 안 예쁘다며.
그래서, 나이 많이 든 것처럼 보인다며.
뭐야, 치잇… 네가 했던 말 다 틀리잖아.
직접 만나보니까 네 말은 하나도 안 맞잖아.

넌 여전히 예쁘고 넌 아직도 귀엽고
내 가슴은 설레고 내 미소는 번지고
그냥 난 자꾸 웃음만 짓잖아.
그냥 널 바라보고만 있잖아.

네가 키우는 초콜릿 향내음의 나무들 -
아기자기한 책상과 의자들, 벽에 걸린 그림들,
사방 벽의 책장을 가득 채워 꽂힌 책들,
그리고 삶의 치열함이 묻어있는 네 자리.
그렇게 둘이서만 둘러본 공간 속에서
난 네가 참 많이 사랑스러웠었어.

늦은 점심을 하고,
이른 술자리를 하고,
낯선 사람 많은 지하철을 타고,
서점에 들러 네가 권한 책을 보고.

너를 바래다 준 길가의 버스 정류장.
평소에 자주 오던 버스가 오지 않아
20여 분을 함께 더 얘기할 수 있었던
그 짧은 시간이 난 참으로 고마웠어.

버스 창가에 앉은 네게 손을 흔들어 주고
사당역으로 내려서는데, 지하철 예술무대에서
한 아마추어 가수가 잔잔한 노래를 부르고 있었어.
이적의 '다행이다'
잠시 발걸음을 멈추고 노래를 감상했었지.

그지, 참 다행이지?
그래, 참 행운이야.
너라는 사람을 내가 안다는 게.

지난 시절의 사랑, 가끔 혼자 웃음이 나곤 해.
그 좋았던 기억의 웃음으로 힘을 내기도 하고.

하지만, 지금 이대로의 모습도 괜찮은 것 같아.
추억도 시간에 맞는 이름표를 달고 채워져 있으니까.

네 말대로만 하면 나도 멋진 사람을 만날 수 있을 거라고?
근데, 아까 네가 지하철역 계단을
막 올라오고 있는 중이라고 했을 때 말야,
핸드폰을 든 손이 내 맘처럼 떨리고 있었어.
저 멀리서 트렌치 코트를 입은 모습이 보였을 때
잠자코 있던 가슴이 죄를 지은 것처럼 두근거렸어.

나… 왜 이래?

영화 속 사랑들

평생 동안 만나지 못하는 추억 속의 사랑도 사랑입니다.
짧은 얘기를 나눈 기억밖에 없는 사랑도 사랑입니다.
미처 깨닫지 못하고 보내버린 사랑도 사랑입니다.
어둠 속을 비틀거리게 만든 사랑도 사랑입니다.
세상을 온통 들뜨게 한 사랑도 사랑입니다.
노래 속에서 숨 쉬는 사랑도 사랑입니다.
이루어질 수 없는 사랑도 사랑입니다.
닿을 수 없는 사랑도 사랑입니다.
지켜만 보는 사랑도 사랑입니다.
외면한 사랑도 사랑입니다.
힘든 사랑도 사랑입니다.

내 사랑도 사랑입니다.

감춰버린 고백

내가 왜 널 생각하는지 아니?

네가 날 그렇게 만들잖아.
난 그냥 가만히 있는데도
네가 날 그렇게 만들잖아.
난 그저 조용히 있었지만
네가 날 그렇게 만들잖아.

내가 왜 널 좋아하는지 아니?

네가 날 자꾸 웃게 하잖아.
난 웃음을 참으려고 하지만
네가 날 자꾸 웃게 하잖아.
난 웃음을 감추려고 했지만
네가 날 자꾸 웃게 하잖아.

내가 왜 널 사랑하는지 아니?

네가 날… 아니,
내가 널… 아니,
그냥 아무 말도 않을래.
그냥 아직 말을 않을래.
실은 나도 잘 모르겠어.
근데, 네가 밀려오더라구.

작은 바람

항상 멀리서 응원한다고 했지?
비록 먼 거리지만 늘 행복하길 바란다 했지?

어떡하지?
넌 그렇게 멀리 있지 않은데.
내 마음 속 가까이에 있잖아.
어쩌면 좋으니?
난 이미 행복해 하고 있는데.
내 마음 가득히 네가 있잖아.

내가 더 많이 사랑하면 되니까.
내가 더 많이 기억하면 되니까.
내가 더 많이 그리우면 되니까.

나중에 아주 아주 나중에

널 기다림에 내가 지쳐 보이면

그때,

날 한번 꼬옥 안아주며

네 가느다란 손가락으로

내 머릿결을 쓰다듬어 줄 수 있겠니?

커피 향 속의 사진

가을비인지… 겨울비인지…
창 밖에는 사그락거리는 빗소리가 들립니다.
늦은 밤인지… 이른 새벽인지…
창 밖에는 꼼지락거리는 어둠만이 감돕니다.

나는 잠을 이루지 못하고 당신을 생각합니다.
피곤한 눈이지만, 지친 몸이지만 생각합니다.
그러다 문득 떠오른 듯
조그맣고 빨간 주전자에 물을 끓이고
감미롭게 까만 커피가루를 꺼내듭니다.

잠시 후 따스한 차를 한 잔 들고 방으로 와서는
다시 당신을 생각합니다.
낮에는 책상을 정리하다
오랜 시간 동안 간직하고 있던 사진을 보았었죠.

언제나 웃는 모습으로 고정된
항상 밝은 웃음으로 멈춰버린
그런 당신이 사진 속 너머에서
날 보고 있었지요.

지금 당신 사진에서는
낙엽 타는 냄새 같은 커피 향이 피어나고,
짙은 당신 기억 때문에
시린 그리움이 소낙비처럼 쏟아지곤 합니다.
오늘밤도 여느 때처럼 내겐
지난 추억들이 많이도 몰려듭니다.

요만큼만

딱~ 요만큼 벗어난 게 아닐까?
너와 나의 인연이.
그래서, 안타깝냐고? 그렇진 않아.
여전히 나는 널 그리워할 수가 있으니까.

딱~ 요만큼 부족한 게 아닐까?
너에 대한 시간이.
그래서, 아쉽냐구? 그렇진 않아.
아직도 나는 널 추억에 가둘 수 있으니까.

딱~ 요만큼 남겨진 게 아닐까?
너를 향한 사랑이.
아니, 왜? 너무 적다구? 그렇진 않을걸.
폭발하는 팝콘 같은 내 사랑을 감당할 자신 있어?

사랑에게 묻다

오직
당신에게만 평생토록
사랑한다는 말을 할 수 있는
그런 행운을 가질 수 있을까?

항상
당신에게만 가슴 뛰는
만남을 준비해 줄 수 있는
그런 행복을 가질 수 있을까?

매번
당신에게만 노을 같은
설레임과 수줍음을 꿈꾸는
그런 사랑을 가질 수 있을까?

멀리
당신 뒷모습만 보고도
미소 짓게 되는 나의 마음을
당신도 느끼게 할 순 없을까?

위로

"여보세요."

"여보세요."

누구입니까?

언덕을 넘어가는 지친 그림자에 담긴

늘어진 어깨를 두드리는 목소리.

누구세요?

"저예요."

"저예요."

누구입니까?

집으로 돌아가는 날개 위에 금빛 모래를 흩뿌리는

석양의 마지막 희열 같은 반가움.

누구세요?

어둠으로 두꺼워진 하늘이
상처 입은 맘을 눌러와 허무에 싸일 때
당신은 첫사랑의 설레임으로 다가와
내 귓가에 내려앉아 속삭입니다.
“여보세요. 저예요.”

그 사람

너무나 그리운 사람이었기에
그 뒷모습조차 그리움이 드리웠기에
사랑하고 사랑하고 또 사랑하였네라.

너무나 불러 보고픈 이름이었기에
부서진 포말 같은 부르름의 갈증이었기에
사랑하고 사랑하고 또 사랑하였네라.

너무나 만져보고픈 얼굴이었기에
눈길에 녹아내리는 감촉으로 기억되었기에
사랑하고 사랑하고 또 사랑하였네라.

이제 내게 당신을 위해 남은 일도
먼 후일 당신에게 내보일 수 있는 것도
사랑하고 사랑하고 또 사랑하였음이라.

씨앗

쪼개면 똑같은 씨앗이었을 때의
당신과 나는
언제나 같은 주머니에 담기는 작은 보석.

먹구름을 따라 온 우리의 이별.

나는 땅으로 아래로 곤두박질치고
당신은 하늘로 위로 기어오르고
그리워할수록
등을 맞대고 멀어져 가는
당신의 줄기와 나의 뿌리.

어느 날,
튀어나온 잔뿌리 사이로 올려다 본 당신의 줄기.
내 뿌리의 사랑이 전해질수록 더욱 커져만 가는
당신 줄기의 꽃망울.

음악 속에서

장맛비가 스며들듯
음악에 젖고 싶은 시간이 있습니다.
세상의 다른 소리는 스스로 닫아 버리고
내가 고른 음악만 듣고 싶은 그런 시간이 있습니다.

아무 말이 없는 바이올린의 선율은
회색빛 빗줄기를 닮아있고,
내 마음 같은 가사를 가진 노래의 음률은
습한 공기를 품은 숲길처럼 흐려 옵니다.

아주 오랜 시간 동안 사랑한다고 말하지 못합니다.
너무 많은 시간 동안 그 의미를 잊고 살아갑니다.
아직 깨닫지도 못한 그 의미를 벌써 잊어갑니다.

당신이 가르쳐준 사랑의 의미들이
빗물에 씻겨가듯 세월에 흐려져도

선율 속에서 당신을 느끼게 됩니다.
음률 속에서 당신을 만나게 됩니다.

들려오는 음악 속에서 당신을 다시 사랑하게 됩니다.

내 오래된 친구

인사마저 익숙한 사람이었나 봐.
많은 사람들이 오가는 복잡한 통로에서도
언제나 네 얼굴은 내 심장이 먼저 발견하고 알려주지.
언제나 네 모습엔 내 미소가 먼저 생겨나고 다가가지.
많은 사람들이 쉼 없이 움직이는 장소라도
인사마저 설레는 사람이었나 봐.

이국적인 소스와 독특한 맛, 특이한 차를 즐기며
넌 너의 지난 얘기를 하고, 난 나의 얘기를 했었지.
내 기억의 창고엔 차곡차곡 너의 얘기가 쌓여갔고,
내 마음속 네 자리는 다시금 크기를 키워가고 있었지.

달지 않은 커피를 들고, 쉽지 않은 영화를 보며
런닝타임 2시간 30분이 난 참 많이도 행복했었어.
어두운 영화관이라 내 눈물이 보이지 않았겠지만,
내게 행복을 줄 수 있는 사람이 곁에 있다는 것이

나를 행복하게 해 줄 수 있는 사람이 있다는 것이
너무 감사했고, 너무 고마웠고, 너무 달콤했고,
그래서, 마법 같았고, 내 것이 아닌 것 같았어.

뜨거운 도시 속에서, 시원한 개울가를 걸으며
마치 시골길로 공간이동을 한 사람들이 된 것처럼
귀여운 오리 떼, 커다란 잉어들과 피라미, 징검다리,
하늘로 치솟는 분수의 물줄기를 볼 수 있었지.

치즈와 곁들인 와인 몇 잔들.
숙성된 와인 맛을 음미하기보단
가까운 너의 향기들에 취했었나 봐.
조그맣게, 그리고 낮게 속삭이던 말들은
낮엔 차마 부끄러워 할 수 없었던 것이었지.

너를 통해 알게 된 감정들 하나하나가
내게 얼마나 큰 위로가 되는지
너를 통해 느낀 그 사랑들 하나하나가
내게 얼마나 큰 기쁨이 되는지
너를 통해 배운 내 웃음들 하나하나가
내게 얼마나 큰 휴식이 되는지
그 의미들을 넌 알 수 있을까?

내가 참 좋아하는 오랜 친구,
내가 아는, 하늘이 준 사람.
내 마음 속 네 비밀이
또 하나 늘어났어.

당신의 영토

누구누구보다
더 좋은 사람이라고 여겨지는
그런 당신이 아닙니다.
무엇이 좋은지 무엇이 싫은지
그렇게 헤아리는 것은
당신에 대한 나의 마음이 아닙니다.
마음 한구석에 홀로 존재하는 영토를 지닌
그런 당신입니다.

꽃잎이 흩날릴 땐
울타리 너머에서 웃음으로 인사하는 그런 당신입니다.
장밋빛 빗방울엔
창가에 고요히 머무는 눈길을 가진 그런 당신입니다.
깃 세운 옷을 입고
천천히 걷는 모습으로 다가서는 그런 당신입니다.

얼음 밑을 흐르는
하얀 물줄기처럼 언제나 살아오는 그런 당신입니다.

낯선 맛의 과일을 깨물었을 때의 싱그러움 같은
당신의 미소.
나의 외로움에 가까이 있던 하얀 촛불 같은
당신의 눈빛.
어릴 적 바라던 꿈의 한 조각처럼 펼쳐지는
당신과의 인연.

당신은 혼자인데도 영토는 자꾸만 넓어져 갑니다.

그리움

이것은 사랑에 대한 인간의 솔직한 고백.
온갖 보석과 마술로, 혹은 환상으로 치장된
텅 빈 소라 껍데기.
끝없는 철로를 달려가다가
분기점에서 서성이는 숨가쁨.
예쁜 꽃봉투에 담긴 뜯지 않은 편지.

모든 아름다움의 언어들을
자신의 무릎 아래 복종시키는 숭배.

희망일기

난 당신이 새였으면 좋겠어.
가볍게 가볍게
당신이 꿈꾸는 하늘 위로 자유로이 노니는
그런 새였으면 좋겠어.
모이를 주기 위해 내가 내민 손길에
놀라 달아날 당신일지라도
난 당신이 새였으면 좋겠어.

난 당신이 꽃이었으면 좋겠어.
산들거리는 꽃잎과 은은한 향기로
모두를 행복하게 만드는
그런 꽃이었으면 좋겠어.
그저 보기만 할 뿐 내가 만질 수 없는
이층집 베란다 화분 속의 꽃일지라도
난 당신이 꽃이었으면 좋겠어.

난 당신이 불이었으면 좋겠어.
포근한 미소로
찬바람을 녹이는 따스함으로
식어버린 마음을 조금씩 열게 만드는
그런 불이었으면 좋겠어.
밤하늘 불꽃놀이의 폭죽처럼
잠시 동안만 볼 수 있는 당신이라도
내가 온기를 느낄 수 없는 당신이라도
난 당신이 불이었으면 좋겠어.

난 당신이 무늬였으면 좋겠어.
칙칙한 벽을 화려하게 수놓은 그림 속이나
예쁜 옷의 끝단에서 단아하게 빛나는
그런 고운 무늬였으면 좋겠어.
다가갈 수 없는 먼 곳에 그려지더라도
난 당신이 무늬였으면 좋겠어.

난 당신이 내 일기를 보면 좋겠어.
매일매일 당신에 대한 연서 같은 내 일기를
내 맘에 담겨있는 당신에 대한 고백을
당신이 보았으면 좋겠어.
당신이 보고 부러워하면 좋겠어.
당신이 내 맘의 주인인지 몰라줘도
내가 가진 사랑을 알고 있으면 좋겠어.
매일 새로운 두근거림에 격려를 주면 좋겠어.
그러다 시간이 흘러 아주 나중에
젊은 시절 들었던 이야기로
내 일기를 기억해 주면 좋겠어.
내 얼굴을 잠시 떠올려주면 좋겠어.
우습지만, 난 당신이 내 일기를 보면 좋겠어.

이유

이 세상에서 가장 슬픈 일은
꿈꿀 수 없는 사랑을 발견했을 때이고,
이 세상에서 더욱 슬픈 일은
그런 사랑조차 표현할 수 없을 때이다.

그래도
여전히 그 사랑을 놓치지 않으려 애쓰는 것은
그 사람이
절실히 필요함을 내 가슴이 느끼기 때문이고,
그 사람만이
내가 선택할 수 있는 유일한 사람이기 때문이며,
그 사람 외에는
어느 누구도 내 마음 속에 품을 수 없기 때문이다.

사랑은 그런 게 아닌가 싶어

오늘 지나면 또 다른 오늘이 오는 것처럼
외로움이 또 다른 외로움을 만드는
그런 게 아닌가 싶어.

우연한 눈길의 스침이었어도
큰 불덩어리 같은 정열로 치솟고
커지는 환상과 작아지는 현실 속에서
첫 인상의 모습이
세월 속에 깎여가는 그리움의 사람.
내 마음을 붙잡아 그에게만 두는
그런 게 아닌가 싶어.

창가로 흐린 비가 오는 오후에
물기 머금은 비밀 한 가지를
가지고 돌아오던 기억.

지금도 비오는 날엔
홍건하게 적시는 그런 추억처럼
사랑은 그런 게 아닌가 싶어.

Give & Take

주고 받는 게 사랑이라는데
나라고 갖고 싶은 게 없겠어?

주기만 하는 사랑이 어디 있겠어?
받기만 하는 사랑이 어디 있겠어?

어느 먼 훗날,
어느 넓은 창가에 앉아
문득 내가 떠오르고 생각이 나거든
그 남자, 날 참 많이 사랑했었구나.
그 사람, 날 많이도 아껴 주었구나.
이렇게 나를 기억해 주면 좋겠어.

그런 잠시 후 웃음 띤 모습으로
내가 네 앞에 나타나면 좋겠어.

초록이 흐드러져 향기롭고 고운 날,

그런 등장의 만남이면 좋겠어.

설레고 멋진 너와 나로.

직녀에게

이 사람… 내가 힘들어 해야 할 사랑이 되겠구나.
그런 생각으로 그 사람을 그리워하던 시간이 있었습니다.

다시 만날 기약도,
굳게 잠겨진 자물쇠 같은 다짐도,
아무 약속도 함께 하지는 않았지만
그렇게 그 사람을 맘에 새기던 혼자의 시간이 있었습니다.
그 사람의 기억만으로도
슬프지만 행복하던, 외로워도 감사하던 시간이었습니다.
평범한 일상에서 평범하지 않은 사람을 알게 된 죄,
그것이 나의 잘못이었습니다.

지금 나는 그런 그녀를 보내고 돌아오는 길입니다.
밤의 공기는 도시에 어둡게 드리우고
나는 잠시 길가에 놓인 의자에 앉아
오늘 나눈 대화들을 다시금 곰곰이 생각해 봅니다.

처음 알게 된 그녀의 모습은 어떤 것이었는지
떠올려 봅니다.
그런 나의 얼굴은 옅은 미소가 자주 스쳐갑니다.
그런 나의 마음은 짧은 동화로 가득 채워집니다.

그녀는 다정하게 팔짱끼는 법을 아는 그런 사람입니다.
그녀는 백가지 표정으로 새로워지는 그런 사람입니다.
그녀는 잡은 손을 포근하게 해 주는 그런 사람입니다.
그녀는 매번 다른 분위기를 만드는 그런 사람입니다.

그녀는 나를 기쁘게도 하고,
그녀는 나를 아쉽게도 하고,
그녀는 나를 행복하게도 하고,
그녀는 나를 그립게도 합니다.
그래서, 나를 항상 눈물짓게 합니다.

그녀 옆이라 기뻐해서…

그녀 배웅에 아쉬워서…

그녀 미소에 행복해서…

그녀 모습이 그리워서…

그녀를 되새기는 나를 사무치게 합니다.

하늘을 쳐다보던 내 눈에

오늘도 눈물이 흐릅니다.

그 이유를 모르는 사랑처럼

그 이유를 모르는 눈물자국은

유성처럼 내 맘을 흘러 비밀처럼 감춰져 갑니다.

기억하는 그때보다 훨씬 오래 전부터

그녀는

내게 사랑입니다.

다가오는 앞날보다 더욱 많은 날까지
그녀는
내게 사랑입니다.

반복되는 만남과 되풀이될 이별이라도
끝끝내 남아 있을
그녀는
내게 사랑입니다.